ENTRE EL AMOR Y LA MANIPULACIÓN

Contacto Cero con un Narcisista

ENTRE EL AMOR Y LA MANIPULACIÓN

Contacto Cero con un Narcisista

EN LA DANZA SINIESTRA DEL AMOR, EL PSICÓPATA NARCISISTA DESPLIEGA UN JUEGO DE SEDUCCIÓN Y MANIPULACIÓN, SUMERGIENDO A SU PAREJA EN UN ABISMO DONDE LA REALIDAD SE DISTORSIONA EN UN PELIGROSO ESPEJISMO DE PASIÓN Y PODER. ANÓNIMO.

Tabla de contenido

Introducción:

En el umbral de un universo donde el amor se entreteje con la sombra de la manipulación, emerge un relato que desvela las profundidades de una mente narcisista, un arquitecto de ilusiones y maestro de la seducción. Este libro se adentra en los laberintos de un amor distorsionado, donde la realidad se diluye en un juego de espejos, revelando una trama donde cada gesto amoroso oculta un cálculo frío, cada palabra de cariño esconde una estrategia.

A través de estas páginas, nos sumergimos en el estudio de la psicología del narcisista, un ser cuya habilidad para entrelazar verdad y engaño redefine nuestra comprensión del amor genuino. En este viaje literario, descubrimos los enigmas de una personalidad compleja, explorando los traumas ocultos y las heridas del pasado que se convierten en las herramientas del presente, dibujando una figura que ve a los demás no como iguales, sino como peldaños hacia su engrandecimiento.

Este libro no solo es una exploración de las tácticas de manipulación emocional y psicológica empleadas por el narcisista, sino también una luz que ilumina el camino hacia la comprensión y la liberación. Narramos la experiencia de aquellos que han sido atrapados en las redes del amor narcisista, desde la encantadora seducción hasta el doloroso despertar de la realidad, y descubrimos cómo la necesidad insaciable de admiración y la falta de empatía del narcisista construyen un mundo donde la realidad se convierte en un espejismo de pasión y poder.

"Entre el amor y la manipulación traumas en relaciones con narcisistas es más que una historia de amor y engaño; es un viaje hacia la comprensión profunda de la mente narcisista y un faro de esperanza para aquellos atrapados en su sombra. Con cada capítulo, el lector es guiado a través de los oscuros pasillos de esta mente enigmática, revelando los secretos de su comportamiento y las formas de resistir y superar su influencia. Este libro promete ser una travesía inolvidable por el amor, la manipulación y la psique humana, invitando al lector a cuestionar la naturaleza del amor y la realidad en la presencia abrumadora de un narcisista.

Con una narrativa que combina misticismo y suspenso psicológico, este libro se erige como una obra esencial para aquellos que buscan comprender las complejidades del amor tóxico y hallar la senda hacia la sanación y el autoconocimiento. Es una invitación a explorar los rincones más oscuros del corazón humano y a encontrar luz en la oscuridad del amor narcisista.

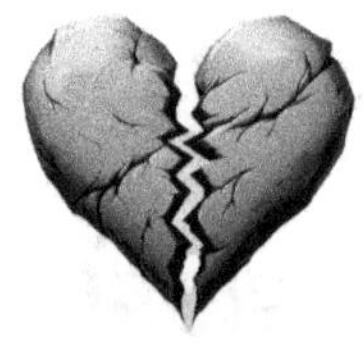

Capítulo 1: Desvelando el Narcisismo: Primeros Signos en la Relación

En el complejo entramado de las relaciones humanas, pocas figuras resultan tan enigmáticas y destructivas como la del narcisista. A menudo oculto tras una fachada de encanto y carisma, el narcisista en una relación amorosa puede inicialmente parecer la pareja ideal. Sin embargo, tras esta máscara se oculta una realidad más sombría, marcada por la manipulación, la falta de empatía y una profunda necesidad de admiración. Este capítulo busca desentrañar los primeros signos del narcisismo en las relaciones de pareja, brindando herramientas para reconocer y enfrentar esta compleja dinámica.

El narcisismo, más que un mero rasgo de personalidad, es un patrón conductual que impregna profundamente la interacción entre los individuos. En el contexto de una relación, el comportamiento narcisista se caracteriza por una serie de señales que, aunque sutiles al principio, revelan con el tiempo su naturaleza destructiva. El primer signo, y quizás el más evidente, es una necesidad excesiva de admiración.

Esta se manifiesta en una constante búsqueda de atención y elogios, llegando a eclipsar las necesidades y sentimientos de la pareja.

El narcisista no solo desea ser admirado, sino que necesita esta admiración para sostener su autoestima frágil y exageradamente inflada. Otro indicio revelador es la falta de empatía. Esta característica, esencial en cualquier relación sana, se encuentra notablemente ausente en las interacciones con un narcisista. Incapaz de ponerse en el lugar del otro, el narcisista a menudo ignora o minimiza los sentimientos de su pareja, centrando la relación exclusivamente en torno a sus propios deseos y necesidades. Esta falta de empatía se convierte en un terreno fértil para la manipulación y el abuso emocional, aspectos comunes en las relaciones con individuos narcisistas.

La grandiosidad y la sensación de superioridad son también rasgos distintivos del narcisismo. El narcisista tiende a exagerar sus logros y capacidades, y a menudo espera ser reconocido como superior sin los logros necesarios para respaldar esta creencia.

En una relación, esta grandiosidad se manifiesta a través de una constante necesidad de ser el centro de atención, relegando a la pareja a un papel secundario, meramente complementario a sus propias necesidades de grandiosidad.

La manipulación es, quizás, uno de los aspectos más dañinos del narcisismo en las relaciones. A través de una variedad de tácticas -desde la culpa y la vergüenza hasta la seducción y el encanto superficial- el narcisista busca controlar y dominar a su pareja. Estas tácticas de manipulación pueden ser difíciles de detectar, especialmente al principio de la relación, cuando se presentan bajo la apariencia de romanticismo o preocupación. Sin embargo, con el tiempo, estas acciones revelan su verdadero propósito: mantener el control y alimentar la necesidad insaciable del narcisista de atención y admiración.

Ante estos primeros signos de narcisismo en una relación, es crucial establecer límites firmes. La comunicación abierta y honesta es importante, pero en el caso de una relación con un narcisista, esto puede ser especialmente desafiante. Establecer y mantener límites claros es esencial para protegerse del impacto emocional y psicológico de estas dinámicas tóxicas.

Continuando con la exploración de las señales de alerta, otro aspecto a considerar es cómo el narcisismo afecta la dinámica general de la relación.

Con frecuencia, la pareja del narcisista puede sentirse desvalorizada y marginalizada, ya que el narcisista, centrado en sí mismo, rara vez ofrece reconocimiento o apoyo a los logros o necesidades de su compañero o compañera.

Esta dinámica puede llevar a la pareja a una espiral de dudas y una disminución de la autoestima, cuestionando su valor y su lugar en la relación.

Además, es fundamental reconocer el impacto emocional que estas relaciones pueden tener. Estar involucrado con un narcisista a menudo conlleva un alto coste emocional, manifestándose en forma de ansiedad, depresión, o incluso trastornos de estrés postraumático.
El constante estado de alerta y la necesidad de adaptarse a los caprichos y demandas del narcisista pueden dejar a la pareja emocionalmente agotada y psicológicamente vulnerable.

La resistencia y el establecimiento de límites son, por tanto, aspectos cruciales en la gestión de relaciones con un narcisista.

Aprender a decir "no", a defenderse y a no ceder ante manipulaciones y demandas injustas es esencial.

Sin embargo, es importante reconocer que, en muchos casos, el narcisista no respetará estos límites, lo que puede hacer que mantener la relación sea insostenible y dañino.

El camino hacia la sanación después de una relación con un narcisista implica un proceso de recuperación personal que a menudo requiere tiempo y apoyo. La terapia psicológica, el apoyo de amigos y familiares, y la participación en grupos de apoyo pueden ser recursos valiosos.

Reconocer y aceptar la realidad de la relación, así como comprender que el comportamiento del narcisista no refleja el valor propio de uno, son pasos cruciales en este proceso de sanación.

Además, es esencial educar y concienciar sobre el narcisismo en las relaciones amorosas. Comprender las señales de advertencia y los patrones de comportamiento puede ayudar a prevenir futuras relaciones abusivas. La educación sobre estas dinámicas no solo es útil para las víctimas potenciales, sino también para amigos, familiares y profesionales que pueden encontrarse apoyando a alguien en una relación narcisista.

En conclusión, identificar los primeros signos del narcisismo en una relación es un paso crítico hacia el cuidado y el respeto por uno mismo.

Este capítulo busca ofrecer una visión profunda y práctica para manejar estas situaciones desafiantes, destacando la importancia de la autovaloración y la salud emocional. Aunque las relaciones con narcisistas pueden ser complejas y dolorosas, el conocimiento y la comprensión son herramientas poderosas que pueden ayudar a navegar y, en última instancia, a superar estas dinámicas destructivas.

Capítulo 2: La Dinámica del Poder y Control en el Amor Narcisista

Tras haber descubierto los primeros signos del narcisismo en una relación, es esencial comprender la dinámica subyacente de poder y control que caracteriza el amor narcisista. Este segundo capítulo se adentra en el corazón de cómo el narcisismo moldea las relaciones de pareja, creando un desequilibrio en el que el poder y el control se convierten en herramientas fundamentales en manos del narcisista.

El poder y el control en una relación con un narcisista no siempre son evidentes. Al principio, pueden disfrazarse de cuidado, preocupación o incluso de un amor intenso y apasionado. Sin embargo, con el tiempo, esta máscara se desvanece, revelando la realidad de una relación dominada por el egoísmo y la manipulación. El narcisista utiliza una variedad de técnicas para mantener a su pareja en un estado de dependencia y sumisión, a menudo sin que esta se dé cuenta de la situación en la que se encuentra.

Una de las primeras tácticas empleadas en la dinámica de poder y control es la idealización seguida de la devaluación.

Inicialmente, el narcisista puede colocar a su pareja en un pedestal, brindándole una atención y un amor que parecen incondicionales. Sin embargo, esta idealización tiene un propósito: crear una sensación de deuda y lealtad en la pareja. Una vez que la pareja está emocionalmente involucrada y comprometida, el narcisista comienza a mostrar su verdadero yo, alternando entre la idealización y la devaluación para mantener a su pareja en un constante estado de incertidumbre y necesidad emocional.

Otro aspecto de la dinámica de poder y control es el aislamiento.

El narcisista, consciente o inconscientemente, puede comenzar a aislar a su pareja de amigos, familiares y otras redes de apoyo. Esto se puede hacer de manera sutil, como criticar a amigos o familiares, o de manera más directa, como exigir cada vez más tiempo y atención exclusiva.

Este aislamiento tiene un propósito claro: reducir la independencia y las influencias externas de la pareja, aumentando así su dependencia del narcisista.

El control económico es otra herramienta utilizada en estas relaciones. El narcisista puede buscar tener control sobre los recursos financieros, ya sea limitando el acceso a dinero, tomando decisiones unilaterales sobre gastos importantes, o incluso obligando a la pareja a depender financieramente de él o ella. Este control económico refuerza la dinámica de poder, limitando la capacidad de la pareja para tomar decisiones independientes y aumentando su dependencia.

Capítulo 3: Ciclos de Idealización y Desvalorización en Parejas

La danza emocional de las relaciones afectadas por el narcisismo y la psicopatía subclínica se mueve al ritmo de los ciclos de idealización y desvalorización, una secuencia que, aunque inicialmente puede ser confusa y desconcertante, es reveladora del núcleo del narcisismo.

Este capítulo tiene como objetivo desenmascarar la naturaleza y el impacto de estos ciclos, brindando una comprensión más profunda de su funcionamiento y efectos en la pareja.

El ciclo comienza con la fase de idealización, un periodo en el que el narcisista subclínico, caracterizado por su poca empatía y una desmesurada necesidad de admiración, envuelve a su pareja en una atmósfera de amor intenso y atención constante.

Durante esta etapa, la pareja se siente extraordinariamente valorada y querida, una experiencia que puede parecer como la realización de un sueño romántico.

Sin embargo, esta fase es una construcción basada en las necesidades del narcisista de ser adorado y validado, en lugar de un amor y aprecio genuinos por la pareja.

A medida que avanza la relación, la fase de idealización da paso a la desvalorización. Este cambio puede ser gradual o repentino, pero invariablemente se traduce en una disminución del afecto y la atención por parte del narcisista. La pareja, una vez colocada en un pedestal, ahora se enfrenta a críticas, menosprecio y, en ocasiones, indiferencia.

Lo que una vez fue alabado se convierte en motivo de censura. Este cambio dramático puede ser desconcertante y doloroso para la pareja, llevándola a cuestionar su propio valor y lo que percibió como una relación amorosa.

La desvalorización tiene un profundo impacto en la autoestima y la salud emocional de la pareja. La fluctuación entre ser idealizado y luego desvalorizado crea una inseguridad emocional y una dependencia de la validación del narcisista.

En este punto, la pareja puede empezar a sentir que debe luchar por recuperar la atención y el amor perdidos, un esfuerzo que a menudo resulta en vano dado el patrón cíclico del narcisista.

La comprensión de estos ciclos es fundamental para aquellos que se encuentran en relaciones con individuos narcisistas.

 No es raro que la pareja experimente confusión, ansiedad y una pérdida del sentido de la realidad.

 La naturaleza cíclica de la relación puede hacer que sea difícil para la pareja reconocer el patrón abusivo y tomar medidas para protegerse

El ciclo de desvalorización, a menudo marcado por la crítica y el rechazo, plantea un desafío significativo para la pareja. Atrapados en un intento de revivir los momentos de idealización, pueden encontrarse justificando o racionalizando el comportamiento del narcisista.

Esta etapa puede ser especialmente destructiva, ya que la pareja empieza a internalizar la crítica y a dudar de su propio valor.

La naturaleza impredecible del narcisista, alternando entre la adoración y el desprecio, crea una atmósfera de incertidumbre y temor, donde la pareja se siente constantemente en guardia y ansiosa por evitar el próximo episodio de desvalorización.

Es importante destacar que el narcisismo y la psicopatía subclínica implican complejidades que van más allá de los comportamientos interpersonales evidentes.

Estudios recientes en neuroimagen y psicología evolutiva han comenzado a desvelar los correlatos neurofisiológicos de estos trastornos, lo que sugiere que ciertos patrones de comportamiento pueden estar arraigados en diferencias estructurales y funcionales en el cerebro.

Estos hallazgos, aunque en etapas iniciales, ofrecen una nueva luz sobre el entendimiento de por qué los individuos narcisistas actúan de manera que parecen desafiar la lógica y la empatía comunes.

Frente a estos desafíos, es esencial que la pareja busque apoyo y recursos para navegar en esta compleja dinámica. La terapia, tanto individual como de pareja, puede ofrecer un espacio seguro para desempacar las emociones y experiencias vividas, proporcionando herramientas para comprender y abordar el impacto de estos ciclos.

Además, el apoyo de amigos, familiares y grupos de apoyo puede ser invaluable para fortalecer la red de seguridad emocional y ofrecer perspectivas externas que pueden estar ausentes dentro de la relación.

Este capítulo no solo busca arrojar luz sobre la naturaleza de los ciclos de idealización y desvalorización en relaciones con narcisistas, sino también ofrecer esperanza y orientación para aquellos que buscan romper estos patrones.

Reconocer estos ciclos es el primer paso crítico hacia la recuperación y el establecimiento de relaciones más saludables y equitativas. A través de la comprensión, la autoconciencia y el apoyo, es posible recuperar el control y reorientar el camino hacia una relación basada en el respeto mutuo y el amor genuino.

.

Capítulo 4: El Impacto Emocional: Entendiendo el Trauma Narcisista

Adentrarse en el impacto emocional de las relaciones con individuos narcisistas es explorar un territorio complejo y a menudo doloroso.

En este cuarto capítulo, nos enfocamos en desentrañar cómo el comportamiento narcisista puede causar un trauma psicológico profundo en la pareja, un trauma que va más allá de las cicatrices visibles y afecta a los aspectos más íntimos del ser.

El trauma narcisista se manifiesta de diversas maneras y su impacto puede ser profundo y duradero. Una de las primeras señales es la erosión de la autoestima. La pareja de un narcisista, sometida a ciclos constantes de idealización y desvalorización, puede empezar a internalizar las críticas y el menosprecio, llevándola a cuestionar su valor como individuo.

Este cuestionamiento continuo puede derivar en una disminución significativa de la confianza en uno mismo y en una imagen propia deteriorada.

Otro aspecto del trauma es el aislamiento emocional. El narcisista, a menudo mediante tácticas de manipulación y control, puede aislar a su pareja de su red de apoyo, incluidos amigos y familiares. Este aislamiento no solo incrementa la dependencia de la pareja hacia el narcisista, sino que también reduce su capacidad para buscar perspectivas externas y apoyo emocional. La soledad y el aislamiento pueden llevar a un sentimiento de desesperanza y desamparo.

El trauma narcisista también puede manifestarse en síntomas de ansiedad y depresión. La constante incertidumbre y el estrés emocional de estar en una relación con un narcisista pueden desencadenar episodios de ansiedad, insomnio, tristeza profunda e incluso episodios depresivos. Estos síntomas pueden ser exacerbados por la sensación de estar atrapado en un ciclo del cual parece imposible escapar.

Además del impacto emocional inmediato, el trauma narcisista puede tener efectos a largo plazo en la salud mental y emocional. Uno de estos efectos es el desarrollo de un trastorno de estrés postraumático (TEPT) complejo.

Este tipo de TEPT se caracteriza por síntomas como flashbacks, evitación, hiperarousal y alteraciones en la percepción del agresor.

 La pareja puede revivir constantemente las experiencias traumáticas de la relación, lo que dificulta la recuperación y el avance hacia relaciones más saludables.

La recuperación del trauma narcisista requiere un enfoque multifacético. La terapia psicológica, particularmente aquella especializada en trauma y abuso emocional, puede ser una herramienta esencial en este proceso.

El apoyo terapéutico puede ayudar a la pareja a procesar las experiencias vividas, a reconstruir su autoestima y a desarrollar estrategias para evitar futuras relaciones abusivas.

La reconexión con uno mismo y con los demás es otro aspecto crucial de la recuperación. La reconstrucción de las relaciones con amigos y familiares, junto con el desarrollo de nuevas conexiones sociales, puede ser tremendamente curativa.

Establecer y mantener relaciones basadas en el respeto mutuo y el apoyo puede ayudar a restaurar la confianza en uno mismo y en los demás.

Además, es importante el autoconocimiento y el autocuidado. Participar en actividades que fomenten el bienestar personal, como el ejercicio, la meditación, el arte o cualquier pasatiempo que aporte alegría y satisfacción, puede ser una forma eficaz de reconstruir la autoestima y recuperar la sensación de control sobre la propia vida.

El desarrollo de la resiliencia es también un componente clave en la recuperación del trauma narcisista.

La resiliencia no implica olvidar o minimizar las experiencias pasadas, sino aprender de ellas y usarlas para fortalecer la capacidad de afrontar desafíos futuros. Esto puede incluir el establecimiento de límites claros en las relaciones, el aprendizaje de habilidades de comunicación efectiva y el fortalecimiento de la capacidad para reconocer y evitar comportamientos abusivos.

Por último, es esencial el reconocimiento de que el trauma narcisista no define a la persona. Aunque la experiencia de estar en una relación con un narcisista puede ser profundamente impactante, no determina el futuro.

Con apoyo, tiempo y esfuerzo, es posible recuperarse del trauma y construir una vida plena y satisfactoria.

Este capítulo busca ofrecer una comprensión profunda del impacto emocional del trauma narcisista y proporcionar herramientas y estrategias para la recuperación y el crecimiento personal.

A través de la comprensión, el apoyo y el trabajo personal, aquellos afectados por relaciones narcisistas pueden avanzar hacia un futuro más brillante y saludable.

Capítulo 5: Comunicación y Manipulación: Tácticas Narcisistas Comunes

La relación había dejado a Ana en un estado de agotamiento emocional. Las noches se llenaban de lágrimas y pensamientos obsesivos sobre lo que podría haber hecho diferente. La ansiedad había tejido una tela densa en su mente, oscureciendo su capacidad para ver la situación con claridad.

Cada día era un recordatorio de lo lejos que había caído de la mujer que una vez fue.

La epifanía de Ana llegó en un momento de profunda reflexión. Al mirar hacia atrás, vio un patrón de manipulación y control. Armada con esta nueva comprensión, Ana se enfrentó a Carlos.

Fue una confrontación cargada de emociones, donde cada palabra que pronunciaba era tanto una liberación como una revelación de su propia fuerza. "No puedo seguir viviendo en esta mentira", expresó con voz temblorosa pero firme.

Carlos intentó retomar el control con su acostumbrada retórica manipuladora, pero Ana, ahora más consciente, resistió.

El proceso de separación fue un camino lleno de obstáculos. Ana enfrentó no solo la pérdida de la relación, sino también la reconstrucción de su propia identidad.

El trauma emocional dejado por la manipulación de Carlos se manifestó en momentos de duda y desesperanza. Sin embargo, con el apoyo de amigos, familiares y un terapeuta comprensivo, Ana comenzó a sanar.

En su camino hacia la recuperación, Ana se reencontró con sus pasiones y intereses, elementos de su vida que habían sido eclipsados por la relación. Aprendió a establecer límites saludables y a valorar su propia voz. Cada pequeño paso era una victoria, una reconquista de su autonomía y autoestima.

La historia de Ana culmina en un acto de empoderamiento. Al mirar hacia atrás, no solo veía una historia de dolor y manipulación, sino también una de crecimiento y fortaleza. Había aprendido lecciones valiosas sobre la comunicación, la confianza y el amor propio.

Aunque las heridas del pasado aún estaban presentes, su capacidad para avanzar y reconstruir su vida era un testimonio de su resiliencia.

Ana cierra este capítulo de su vida con una sensación de esperanza y determinación. Su experiencia con Carlos, aunque dolorosa, se convirtió en un catalizador para su transformación personal. Ana emerge no solo como una superviviente, sino como una mujer fortalecida, con una nueva visión de lo que significa amar y ser amada en igualdad y respeto.

Este capítulo, narrado con detalle y emoción, muestra la compleja interacción entre comunicación, manipulación y recuperación en el contexto de una relación narcisista. A través de la historia de Ana, se explora el impacto psicológico de la manipulación y se destaca la importancia de la resiliencia y el autoconocimiento en la superación de relaciones abusivas.

Capítulo 6: La Pérdida del Yo: Efectos en la Autoestima y Autonomía

El impacto de una relación con un individuo narcisista en la psique de la pareja es un área de gran interés en la psicología moderna.

Este fenómeno, caracterizado por una progresiva erosión de la autoestima y la autonomía, se manifiesta a través de una serie de dinámicas psicológicas complejas y sutiles.

La autoestima, definida como el valor que una persona se atribuye a sí misma, es un pilar fundamental de nuestra salud mental y bienestar emocional.

En una relación con un narcisista, este sentido del valor propio se ve constantemente desafiado. El narcisista, a menudo mediante una mezcla de elogios y críticas, crea un entorno emocionalmente volátil. La pareja puede experimentar inicialmente una elevación de la autoestima debido a la idealización por parte del narcisista, pero esta es rápidamente seguida por una fase de desvalorización, donde las críticas y el menosprecio se convierten en la norma.

Este ciclo de idealización-desvalorización tiene un efecto corrosivo en la autoestima de la pareja. La constante fluctuación entre ser elevado y luego devaluado lleva a un estado de confusión y duda sobre el propio valor.

La psicología evolutiva sugiere que este tipo de entorno impredecible puede activar mecanismos de defensa psicológicos primitivos, como la hipervigilancia y el apego ansioso, diseñados para manejar la incertidumbre y la amenaza percibida.

Paralelamente, la autonomía de la pareja se ve comprometida. La autonomía, la capacidad de tomar decisiones independientes y autogobernarse, es esencial para la integridad psicológica y la agencia personal.

En la dinámica con un narcisista, la autonomía se ve socavada por una dependencia emocional y psicológica. La pareja se encuentra cada vez más buscando la aprobación del narcisista y adaptando sus decisiones y comportamientos a sus deseos y necesidades.

La recuperación de la autoestima y la autonomía después de una relación narcisista es un proceso que implica varios pasos críticos.

Uno de los primeros es el reconocimiento y la aceptación de la experiencia vivida. Este paso puede ser doloroso, pero es esencial para comenzar el proceso de sanación.

 La terapia psicológica juega un papel crucial aquí, proporcionando un espacio seguro para explorar y procesar las emociones y experiencias relacionadas con la relación.

Un aspecto importante en la terapia es trabajar en la reconstrucción de la autoestima. Esto implica identificar y desafiar las creencias internalizadas negativas que se han desarrollado durante la relación.

La terapia cognitivo-conductual, por ejemplo, puede ser particularmente efectiva en este aspecto, ayudando a la pareja a reestructurar pensamientos y creencias disfuncionales y a desarrollar una narrativa más positiva y empoderadora sobre sí misma.

El fortalecimiento de la autonomía es igualmente importante.

Esto se logra fomentando la toma de decisiones independientes y la exploración de intereses y pasatiempos personales. Reconectar con uno mismo y con las actividades que brindan placer y satisfacción puede ayudar a restaurar el sentido de individualidad y agencia personal.

El apoyo de amigos, familiares y grupos de apoyo es vital en este proceso. Estas redes proporcionan validación externa, amor y apoyo, elementos esenciales para la reconstrucción de la autoestima. Además, pueden ofrecer perspectivas diferentes y ayudar a la persona a reconectar con el mundo exterior, rompiendo el aislamiento que a menudo se crea en una relación narcisista.

La recuperación de una relación narcisista es un viaje hacia el reencuentro con el yo perdido. Aunque este proceso puede ser largo y desafiante, también ofrece la oportunidad de un crecimiento personal significativo y el desarrollo de una mayor resiliencia. Con el tiempo, la experiencia puede transformarse en una fuente de fuerza y sabiduría, permitiendo a la persona establecer relaciones futuras más saludables y equitativas

Caso clínico de clara

Clara siempre había sido una mujer independiente y segura de sí misma, una profesional exitosa que disfrutaba de una vida social activa y satisfactoria.

Pero todo eso cambió cuando conoció a Marco, un hombre encantador y aparentemente atento, que pronto se convirtió en una parte central de su vida.

Inicialmente, Marco parecía ser el compañero perfecto. Era cariñoso, atento y siempre parecía saber exactamente lo que decir para hacerla sentir especial.

Clara, cautivada por su encanto, se encontró rápidamente sumergida en la relación. Sin embargo, con el tiempo, comenzó a notar cambios sutiles en la dinámica entre ellos.

Marco comenzó a hacer comentarios sobre cómo Clara se vestía, sugiriendo sutilmente qué debería y no debería usar.

Al principio, ella tomó estos comentarios como signos de su interés y preocupación,

pero gradualmente se convirtieron en críticas más directas y frecuentes.
Marco también empezó a cuestionar sus decisiones, desde las más pequeñas hasta las más significativas, socavando su confianza y juicio.

A medida que la relación progresaba, Clara empezó a sentir que perdía su sentido de identidad.

Sus decisiones, gustos e incluso sus pensamientos parecían cada vez más influenciados por las opiniones y deseos de Marco. Su autoestima, una vez sólida, comenzó a depender de la aprobación de Marco, y se encontró a sí misma cuestionando su valía sin su validación.

La relación se convirtió en un ciclo de elogios seguido de críticas y rechazos.
 Clara se encontró atrapada en una montaña rusa emocional, constantemente tratando de complacer a Marco para volver a los días de amor y atención. Su vida social se redujo significativamente, ya que Marco sutilmente la desanimaba de pasar tiempo con amigos y familiares, alegando que prefería que pasaran más tiempo juntos.

Eventualmente, Clara se dio cuenta de que se había alejado de la mujer que una vez fue. La independencia y confianza que había caracterizado su vida se habían desvanecido, dejando en su lugar dudas e inseguridad.

Reconociendo que algo tenía que cambiar, Clara buscó ayuda profesional.

En terapia, Clara trabajó para reconstruir su autoestima y reclamar su autonomía. Aprendió a reconocer las tácticas de manipulación de Marco y comenzó el proceso de desentrañar cómo su influencia había afectado su percepción de sí misma. Con el apoyo de su terapeuta

y el reencuentro con amigos y familiares, Clara empezó a redescubrir su voz y sus necesidades.

El proceso de recuperación no fue sencillo. Clara tuvo que enfrentarse a los patrones de dependencia emocional que había desarrollado y aprender a confiar de nuevo en su propio juicio. Las sesiones de terapia se centraron en restaurar su autoestima, ayudándola a entender que su valor no estaba ligado a la aprobación de Marco.

Poco a poco, Clara empezó a retomar actividades que había dejado de lado.

Volvió a conectarse con sus pasatiempos y pasiones, encontrando en ellos una fuente de alegría y un recordatorio de quién era antes de la relación.

También aprendió a establecer límites saludables, una habilidad crucial para proteger su bienestar emocional.

Con el tiempo, Clara fue capaz de salir de la relación con Marco. Aunque fue un paso difícil, se dio cuenta de que era necesario para su recuperación y crecimiento personal. La experiencia, aunque dolorosa, se convirtió en una lección valiosa sobre la importancia de mantener su individualidad y autoestima en cualquier relación.

La historia de Clara es un ejemplo de cómo una relación con un individuo narcisista puede alterar profundamente la percepción de uno mismo y la autonomía. Sin embargo, también es un testimonio de la capacidad de recuperación y fortaleza.

Capítulo 7: Resistencia y Límites: Estrategias de Autodefensa en Relaciones Narcisistas

En el laberinto de las relaciones con individuos narcisistas, el establecimiento de límites y la resistencia se convierten en herramientas cruciales para salvaguardar la integridad psicológica. Este capítulo se sumerge en las estrategias psicológicas que pueden emplearse para fortalecer la autoestima y preservar la autonomía personal frente a la manipulación narcisista.

La resistencia, en el contexto de una relación con un narcisista, no se refiere únicamente a un enfrentamiento directo, sino más bien a una firmeza interna, a una capacidad de mantenerse fiel a los propios valores y percepciones en medio de la manipulación. Desde un enfoque psicológico, esto implica un profundo conocimiento de uno mismo y un entendimiento claro de los propios límites, lo que permite identificar y rechazar las conductas manipulativas.

En el proceso de establecer límites, es crucial reconocer los patrones de comportamiento narcisista.

Estos patrones pueden incluir la tendencia a invalidar los sentimientos y opiniones de los demás, la necesidad de controlar y dominar, y el uso de la culpa y la vergüenza como herramientas de manipulación.

 Al identificar estos patrones, se puede comenzar a construir una barrera psicológica que proteja contra estas tácticas.

Una de las estrategias más efectivas para establecer límites es la asertividad.

La asertividad permite expresar las propias necesidades y deseos de manera clara y directa, sin agresividad ni pasividad.

Esto es particularmente importante en situaciones donde el narcisista intenta imponer su voluntad o invalidar la experiencia de su pareja.

La asertividad se convierte en un escudo, no solo para comunicar los propios límites, sino también para mantenerlos frente a los intentos de violación.

Además de la asertividad, la construcción de una red de apoyo sólida es vital. Esta red puede incluir amigos, familiares, grupos de apoyo y profesionales de la salud mental. Estas conexiones ofrecen perspectivas externas que ayudan a fortalecer la resistencia y a validar las experiencias y sentimientos que el narcisista puede haber intentado desacreditar.

El autocuidado es otra piedra angular en la construcción de resistencia. Incluye actividades que nutren el cuerpo y la mente, como el ejercicio, la meditación, la creatividad y el tiempo en

la naturaleza. Estas prácticas ayudan a mantener un equilibrio emocional y fortalecen la resiliencia psicológica, permitiendo una mejor gestión de las situaciones estresantes y un refuerzo de la autoestima.

El proceso de resistencia y establecimiento de límites requiere también un trabajo introspectivo significativo. Identificar y trabajar las propias vulnerabilidades que el narcisista podría explotar es crucial.

Esto implica a menudo un proceso de autoexploración y curación de traumas pasados, que pueden haber dejado a la persona más susceptible

a la influencia narcisista. La terapia psicológica puede ofrecer un espacio seguro para esta introspección, ayudando a entender y sanar las heridas emocionales que podrían estar contribuyendo a la dinámica de la relación.

Finalmente, el establecimiento de límites y la resistencia no son solo estrategias defensivas, sino también actos de afirmación personal. A través de estos procesos, las personas aprenden a valorarse a sí mismas, a confiar en sus propios juicios y a vivir de acuerdo con sus propios términos.

Esto lleva a un empoderamiento que trasciende la relación narcisista, facilitando el desarrollo de relaciones futuras más saludables y equitativas.

Testimonio de límites de lucia

Lucía, una mujer de treinta años, compartió su experiencia sobre cómo aprendió a resistir la manipulación narcisista y a establecer límites firmes en su relación con su expareja, Adrián.

Desde el principio, Adrián se mostró como un hombre encantador y atento. Sin embargo, con el tiempo, Lucía comenzó a sentirse atrapada en una red de control y manipulación.

Adrián criticaba constantemente sus decisiones, desde la forma en que se vestía hasta con quién pasaba su tiempo libre. Al principio, Lucía intentó adaptarse a sus demandas, creyendo que era una forma de mejorar la relación.

Sin embargo, poco a poco, Lucía comenzó a darse cuenta de que había perdido gran parte de su autonomía y autoestima.
Las constantes críticas de Adrián la dejaron sintiéndose insegura y dudosa de sí misma. Fue entonces cuando decidió buscar ayuda profesional.

En terapia, Lucía aprendió a reconocer las tácticas de manipulación de Adrián. Comenzó a trabajar en fortalecer su autoestima y a entender la importancia de establecer límites claros. Con el apoyo de su terapeuta, Lucía desarrolló estrategias para manejar situaciones difíciles y para responder asertivamente a los intentos de manipulación de Adrián.

Uno de los momentos más desafiantes para Lucía fue cuando empezó a poner en práctica estos límites en su relación.

Al principio, Adrián intentó intensificar sus tácticas de control, pero Lucía se mantuvo firme. Empezó a rechazar las críticas injustificadas y a tomar decisiones basadas en sus propios deseos y necesidades, en lugar de en los de Adrián.

Lucía también redescubrió actividades y pasatiempos que había dejado de lado durante su relación. Este proceso le ayudó a reconectar consigo misma y a fortalecer su sentido de identidad.

Al volver a hacer cosas que disfrutaba, Lucía se dio cuenta de lo mucho que había sacrificado por complacer a Adrián y de lo importante que era para ella tener su propio espacio y tiempo.

Con el tiempo, Lucía se sintió más empoderada y segura de sí misma. Aprendió a reconocer y evitar situaciones que podían llevarla a sentirse devaluada o controlada.

 Estas lecciones no solo la ayudaron a lidiar con Adrián, sino que también se convirtieron en una parte integral de cómo se relacionaba con los demás en su vida.

Capítulo 8: Más Allá de la Manipulación: Estrategias de Resiliencia y Reconstrucción Personal

Después de explorar en capítulos anteriores las complejidades de las relaciones marcadas por el narcisismo y la psicopatía, este capítulo se enfoca en las estrategias de resiliencia y reconstrucción personal para aquellos que han navegado por estas tumultuosas aguas. Aquí se abordan las tácticas para recuperar el control de la vida personal y emocional tras el impacto de una relación tóxica. Tras comprender la naturaleza cíclica y manipuladora de estas relaciones, es fundamental abordar el proceso de recuperación.

Este proceso comienza con el reconocimiento de que la experiencia vivida, aunque dolorosa, puede ser un catalizador para el crecimiento personal y el fortalecimiento emocional.
La resiliencia se convierte en una habilidad crucial en este proceso.

Implica desarrollar la capacidad de recuperarse de las adversidades, aprender de las experiencias difíciles y utilizar esos aprendizajes para fortalecerse.

La resiliencia no niega el dolor o las dificultades vividas, sino que permite transformar la experiencia en un paso hacia el desarrollo personal.

Una parte importante de la reconstrucción personal es reafirmar la autoestima. La relación con un narcisista psicópata puede haber erosionado la percepción del propio valor.

Por lo tanto, es esencial dedicar tiempo y esfuerzo para reconstruir una imagen positiva de uno mismo. Esto puede incluir actividades que refuercen la confianza en sí mismo, como retomar hobbies, establecer metas personales o incluso emprender nuevos proyectos que reflejen las pasiones y intereses propios.

La terapia sigue siendo un recurso inestimable en este camino. Un terapeuta especializado puede proporcionar herramientas para desmantelar los patrones de pensamiento negativos instaurados y ayudar a construir nuevos marcos de referencia que fomenten el bienestar y la autonomía. La terapia puede ser también un espacio para explorar y sanar las heridas emocionales, permitiendo procesar y dejar ir el dolor del pasado.

La reconexión con uno mismo también implica redescubrir y reafirmar los límites personales. Las relaciones tóxicas a menudo conllevan la transgresión de estos límites, por lo que es crucial reestablecer lo que es aceptable y lo que no lo es en las interacciones con los demás. Establecer y mantener límites claros es un acto de autocuidado y respeto propio.

Además, la reconexión con la comunidad y las redes de apoyo es esencial. El aislamiento puede haber sido una táctica del abusador para ejercer control, así que reconstruir o fortalecer lazos con amigos, familia y grupos de apoyo puede ser un paso poderoso hacia la recuperación.

Estas conexiones brindan no solo apoyo emocional, sino también perspectivas diferentes que enriquecen la propia experiencia de vida. En esta segunda parte del capítulo, profundizamos en el proceso de sanación y empoderamiento después de una relación con un narcisista psicópata, enfocándonos en cómo reconstruir una vida plena y saludable.

El empoderamiento personal juega un papel crucial en la recuperación. Se trata de recuperar el control sobre la propia vida y decisiones, un aspecto que a menudo se ve comprometido en relaciones abusivas.

El empoderamiento implica tomar decisiones conscientes sobre el propio bienestar, establecer metas personales y seguir un camino que refleje los verdaderos valores y deseos del individuo. A menudo, esto incluye redefinir la identidad personal fuera de los confines de la relación abusiva.

Una estrategia importante en este proceso es la práctica de la atención plena y el autocuidado. La atención plena ayuda a centrarse en el presente y a reconocer y aceptar las emociones sin juicio. El autocuidado, ya sea a través de la actividad física, la meditación, la escritura, o simplemente dedicar tiempo a actividades que generen felicidad y satisfacción, es fundamental para fortalecer la salud mental y emocional.

Reconocer y celebrar los logros personales es otra faceta importante del proceso de reconstrucción. Las relaciones con narcisistas psicópatas pueden dejar una sensación de inadecuación o fracaso. Por lo tanto, es vital reconocer los propios logros, no importa cuán pequeños sean, y celebrar los pasos dados hacia la recuperación y la independencia.

La educación y la comprensión de las dinámicas de las relaciones abusivas también pueden ser herramientas poderosas. Entender el comportamiento del narcisista psicópata y las razones detrás de sus acciones puede proporcionar claridad y ayudar a evitar patrones de relación similares en el futuro. Este conocimiento también puede ser útil para ayudar a otros que puedan estar pasando por experiencias similares.

Finalmente, el establecimiento de relaciones saludables en el futuro es un aspecto clave del proceso de sanación. Aprender a identificar señales de alerta tempranas, comunicar abierta y honestamente las necesidades y deseos, y buscar parejas que respeten y valoren la individualidad son pasos importantes para construir relaciones más equilibradas y satisfactorias.

Ana, una mujer de 35 años, acudió a terapia después de terminar una relación de cinco años con su pareja, quien presentaba rasgos de narcisismo psicopático. Durante la relación, Ana experimentó una gama de emociones y situaciones que la dejaron confundida, herida y aislada. A través de su testimonio, podemos entender el dolor psicológico que sufrió y cómo logró desarrollar resiliencia y reconstruir su vida.

"Cuando conocí a Javier, pensé que había encontrado al amor de mi vida. Era encantador, atento y parecía entenderme como nadie. Pero con el tiempo, comenzaron los ciclos de idealización y desvalorización. Al principio, no entendía lo que estaba sucediendo. Me sentía en una montaña rusa emocional, donde un día era la persona más importante en su vida y al siguiente, me ignoraba o me criticaba por cosas insignificantes."

"La relación empezó a afectar mi autoestima. Javier me hacía sentir que yo era el problema, que mis reacciones o mis emociones eran exageradas o irracionales. Empecé a dudar de mí misma, de mis percepciones y de mis sentimientos. Me sentía atrapada en un laberinto sin salida, donde cada intento de expresar cómo me sentía terminaba en más confusión y dolor."

El punto de inflexión llegó cuando me di cuenta de que había perdido mi sentido de identidad. No reconocía a la mujer en el espejo. Estaba tan enfocada en complacer a Javier y en tratar de hacer funcionar la relación, que me había olvidado de mí misma. Fue entonces cuando busqué ayuda profesional."

"En terapia, aprendí sobre el narcisismo psicopático y cómo este había influido en nuestra relación. Comprender la dinámica abusiva fue doloroso pero liberador. Empecé a trabajar en la reconstrucción de mi autoestima y en el establecimiento de límites saludables. Aprendí a valorar mis sentimientos y necesidades, y a no disculpar o minimizar el comportamiento abusivo."

"La resiliencia no fue un camino fácil. Hubo días de profundo dolor y soledad, pero también hubo momentos de claridad y fortaleza. Aprendí a cuidar de mí misma, a dedicar tiempo a actividades que me apasionan y a reconectar con amigos y familiares. Cada pequeño paso era una victoria en mi camino hacia la recuperación."

"Hoy, miro hacia atrás y veo cuánto he crecido. La experiencia, aunque dolorosa, me enseñó la importancia de respetarme a mí misma y de no tolerar el abuso emocional.

Aprendí que la resiliencia es también sobre aceptar y procesar el dolor, no solo sobre superarlo.

 Ahora, me siento más fuerte, más consciente de quién soy y de lo que merezco en una relación. Mi historia es una de dolor, pero también una de esperanza y renacimiento."

La historia de Ana es un testimonio de la lucha y la victoria frente a la manipulación y el abuso narcisista. Su camino hacia la resiliencia es

un recordatorio de que, a pesar de las profundas heridas emocionales y los desafíos psicológicos, es posible reconstruirse y vivir una vida plena y saludable.

Ana enfrentó varios factores psicológicos privados durante su relación con Javier. La disminución de su autoestima fue uno de los más significativos.

Constantemente se sentía inadecuada y cuestionaba su valía debido a las críticas y el menosprecio de Javier.

La confusión y el dolor emocional eran constantes, creando un estado de hipervigilancia y ansiedad. Ana también experimentó una pérdida de autonomía, sintiéndose incapaz de tomar decisiones sin la aprobación o el consentimiento de Javier.
El dolor psicológico que vivió Ana fue multifacético.

 El aislamiento emocional, el sentirse incomprendida y no validada, exacerbó su sufrimiento.

Las constantes dudas sobre su percepción de la realidad, impulsadas por el gaslighting de Javier, la llevaron a un estado de desorientación emocional. Además, el duelo por la pérdida de la relación, incluso siendo una relación abusiva, fue un proceso doloroso

.

Ana tuvo que lidiar con el desgarrador reconocimiento de que el amor y la atención que inicialmente recibió de Javier eran manipulaciones diseñadas para controlarla.

La resiliencia de Ana se manifestó en su capacidad para buscar ayuda y en su compromiso con el proceso terapéutico.

A través de la terapia, Ana aprendió a identificar y desmantelar las tácticas de manipulación de Javier, lo que fue fundamental para recuperar su sentido de realidad y autoestima. Aprendió a valorar sus emociones y necesidades, y a establecer límites claros y firmes en sus relaciones.

El empoderamiento de Ana fue un paso clave en su recuperación. Aprendió a confiar en su juicio, a tomar decisiones basadas en su bienestar y a reconstruir su vida lejos de la influencia tóxica de Javier.

Este proceso incluyó volver a conectar con sus pasiones, intereses y relaciones saludables. Ana también trabajó en fortalecer su red de apoyo, encontrando consuelo y fortaleza en amistades y familiares.

La historia de Ana es un poderoso recordatorio de que, aunque la psicopatía narcisista en las relaciones de pareja puede causar un daño significativo, la resiliencia y la recuperación son posibles.

Su testimonio es una fuente de inspiración para otros que puedan estar enfrentando situaciones similares, mostrando que con apoyo, comprensión y trabajo personal, se puede superar el abuso y vivir una vida más saludable y satisfactoria.

Capítulo 9: Transcendiendo la Sombra del Narcisismo: Un Viaje hacia la Autonomía Emocional

Después de las profundas heridas emocionales infligidas por una relación con un narcisista, el camino hacia la recuperación es tanto desafiante como revelador.

 Este capítulo se adentra en la importancia de forjar una autonomía emocional, crucial para aquellos que han sobrevivido a la manipulación narcisista y buscan reforzar su bienestar psicológico.

La experiencia de estar vinculado a un narcisista puede dejar cicatrices emocionales duraderas, particularmente en la forma en que uno se relaciona consigo mismo y con los demás.

El dolor psicológico de sentirse desvalorizado, controlado y a menudo invisible ante los ojos de un narcisista lleva a una erosión de la autoestima y la confianza. La independencia emocional, por lo tanto, no es solo la recuperación de la autonomía, sino también un proceso de redefinición del yo.

Este proceso comienza con el reconocimiento de que las emociones vividas son válidas y comprensibles. La terapia centrada en la psicología del narcisismo ofrece un espacio para desentrañar cómo la manipulación y la desvalorización han impactado el sentido de autoestima.

 Aquí, se aprende a diferenciar entre las necesidades emocionales propias y las proyecciones del narcisista, un paso fundamental para romper los patrones de dependencia emocional.

Reconstruir la autoestima después de una relación narcisista es un desafío notable. La terapia puede incluir técnicas de reafirmación de la identidad personal y la autovaloración.

Se alienta a las víctimas a redescubrir sus intereses, pasiones y fortalezas, a menudo suprimidos o ignorados en la dinámica de la relación.

 Reconocer y celebrar los logros personales, incluso los más pequeños, se convierte en un acto de resistencia contra la narrativa impuesta por el narcisista.

Establecer límites saludables es otra piedra angular en la construcción de la autonomía emocional.

Aprender a decir 'no', a expresar necesidades y deseos, y a defenderse contra la manipulación, son habilidades críticas que se desarrollan a lo largo de este proceso.

La asertividad, practicada tanto en relaciones personales como en otros ámbitos de la vida, fortalece la sensación de control y respeto propio.

El apoyo de seres queridos, amigos y profesionales de la salud mental es vital. Estas redes de apoyo no solo ofrecen consuelo y comprensión, sino que también ayudan a reforzar una visión de mundo basada en la reciprocidad y el respeto mutuo, en contraste con la dinámica unilateral experimentada con el narcisista.

A través de estas relaciones, se puede aprender a confiar nuevamente en los demás y a establecer conexiones emocionales saludables.

La autonomía emocional implica también una reconexión con el propio sentido de agencia. Las personas que han estado en relaciones narcisistas a menudo sienten que sus decisiones y deseos han sido subyugados o ignorados. Redescubrir y actuar según la propia voluntad es un paso crucial hacia la independencia.

Esto puede manifestarse en la toma de decisiones cotidianas, en la reafirmación de preferencias personales, y en la búsqueda de actividades que reflejen la autenticidad del individuo.

Además, es importante entender que la recuperación de una relación narcisista es un proceso que puede incluir momentos de duda y recaída.

La psicología moderna reconoce que el trauma emocional puede dejar patrones arraigados difíciles de superar. Por lo tanto, se alienta a las personas a ser pacientes y compasivas consigo mismas, reconociendo que la recuperación es un camino no lineal con altibajos.

Finalmente, el capítulo subraya la importancia de utilizar la experiencia vivida como un aprendizaje para el futuro.
Entender las señales de alerta de comportamientos narcisistas y psicopáticos y reconocer los propios límites y necesidades ayuda a prevenir futuras relaciones tóxicas.

 Asimismo, este conocimiento puede empoderar a las personas para ayudar a otros que puedan estar enfrentando circunstancias similares, transformando su experiencia en un recurso valioso para el apoyo y la solidaridad.

Una Historia desesperada de Clara

Siempre me consideré una mujer fuerte e independiente, hasta que conocí a Adrián. Su carisma me envolvió de manera tan intensa que, sin darme cuenta, me perdí en el laberinto de su mundo. Adrián era un hombre fascinante, un artista con un encanto misterioso que, poco a poco, se convirtió en una sombra oscura sobre mi vida.

Inicialmente, nuestra relación parecía sacada de una novela romántica. Sin embargo, detrás de su fachada de hombre perfecto, se escondía un manipulador maestro.

Empezó a controlar cada aspecto de mi vida: desde la forma en que me vestía hasta las amistades que podía mantener. Su amor se transformó en una jaula invisible, y yo, su prisionera.

Cuando decidí buscar ayuda, encontré refugio en la terapia. Me esforcé por reconstruir mi identidad y autoestima desgarradas. Durante ese proceso, descubrí que Adrián tenía un pasado oscuro, lleno de secretos y mentiras. Pero, a pesar de las señales de advertencia, algo en mí se negaba a creer que todo era una fachada.

En el fondo, aún albergaba la esperanza de que el hombre del que me había enamorado existía realmente.

Un día, mientras revisaba unos viejos archivos en el sótano de nuestra casa, encontré un diario oculto.

Las páginas revelaban la verdadera naturaleza de Adrián: manipulaciones pasadas, engaños e incluso indicios de actividades ilegales. Con cada página, la realidad que había negado se hizo más clara y aterradora.

Decidí confrontarlo. Esa noche, la tensión en el aire era palpable. Al presentarle el diario, esperaba una explosión de ira o una negación frenética. Sin embargo, su reacción fue todo lo contrario. Adrián se desmoronó, confesando sus actos y suplicando perdón. Habló de un pasado traumático, de luchas internas, y de cómo había intentado cambiar. Por un momento, vi vulnerabilidad en sus ojos, algo que nunca había mostrado.

La decisión más difícil de mi vida fue dejar a Adrián esa noche. A pesar de su súplica de ayuda y promesas de cambio, sabía que mi camino hacia la sanación requería separarme de él. Me llevé solo lo esencial, dejando atrás años de recuerdos.

Meses después, recibí la noticia. Adrián había fallecido en un accidente automovilístico. La tristeza y el arrepentimiento me inundaron. Aunque había escapado del laberinto, la sombra de lo que pudo haber sido me perseguiría para siempre.

Mi historia, aunque llena de dolor y desilusión, es también un recordatorio de la complejidad del ser humano. Aprendí que la independencia emocional no solo implica alejarse de la manipulación, sino también enfrentar las verdades dolorosas y aceptar que algunas preguntas permanecerán sin respuesta."

Capítulo 10 Entendiendo el Narcisismo en el Amor - Enfoque Cognitivo

El narcisismo, caracterizado por una exagerada autoimportancia y una falta de empatía, puede crear relaciones desequilibradas y a menudo tóxicas. Desde la psicología cognitiva, se analiza cómo estas características afectan no solo a la persona narcisista, sino también a su pareja.

Se aborda cómo los pensamientos y creencias distorsionados pueden llevar a comportamientos manipulativos y cómo estas actitudes afectan profundamente la dinámica de la relación.
Un punto clave en este análisis es la comprensión de la idealización y devaluación, dos fases típicas en las relaciones con personas narcisistas.

 Se explica de manera sencilla cómo la idealización inicial puede crear expectativas irreales y cómo, eventualmente, la devaluación conduce a un ciclo de desilusión y conflicto. Esta sección busca ofrecer una mirada clara a estos ciclos, permitiendo a los lectores identificar y comprender mejor estos patrones.

Además, se destaca la importancia del autoconocimiento y la reflexión personal en el contexto de estas relaciones.

 Se alienta a los lectores a cuestionar sus propias creencias y actitudes, proporcionando herramientas cognitivas para fomentar relaciones más saludables y equitativas.

Una estrategia clave es la reestructuración cognitiva, un proceso mediante el cual se identifican y desafían los pensamientos automáticos negativos que surgen en relaciones con narcisistas.

 Esta técnica ayuda a los individuos a cuestionar y cambiar creencias erróneas o dañinas sobre sí mismos, su pareja y la relación en sí. Por ejemplo, reemplazar pensamientos como "No soy suficiente" por "Valoro mi autoestima independientemente de cómo me traten" puede ser un paso significativo hacia una mayor salud emocional.

Otro enfoque importante es el desarrollo de la inteligencia emocional. Aumentar la conciencia de las propias emociones y aprender a manejarlas de manera efectiva es crucial, especialmente en situaciones donde el narcisismo del otro puede desencadenar respuestas emocionales intensas.

Las habilidades como la empatía y la regulación emocional no solo mejoran la calidad de la relación, sino que también ayudan a protegerse de la manipulación emocional.

Además, se aborda la importancia de establecer y mantener límites saludables en la relación. Aprender a decir "no" y a defender los propios derechos y necesidades es fundamental para evitar caer en dinámicas abusivas o codependientes.

Esto incluye también la habilidad para reconocer y alejarse de situaciones donde la manipulación y el abuso emocional son evidentes.

Superar los desafíos de una relación con un narcisista puede ser un proceso largo y a veces doloroso, pero también ofrece la oportunidad de crecimiento personal y fortalecimiento del carácter. A través de la resiliencia, los individuos pueden encontrar formas de adaptarse y prosperar incluso en las circunstancias más difíciles.

Capítulo 11: Comprendiendo y Previniendo el Narcisismo en las Relaciones Amorosas

En el ámbito de las relaciones amorosas, el narcisismo puede manifestarse de maneras que a menudo son difíciles de detectar al principio.

El narcisismo, en su forma más problemática, se caracteriza por un enfoque excesivo en uno mismo, una necesidad de admiración constante y una falta de empatía hacia los demás.

En una relación, esto puede traducirse en una dinámica donde una persona constantemente busca atención y validación, mientras ignora o minimiza las necesidades y sentimientos de su pareja.

La educación sobre el narcisismo es esencial no solo para aquellos que ya se encuentran en relaciones con individuos narcisistas, sino también para quienes buscan establecer nuevas relaciones.

Comprender los signos del narcisismo y cómo afecta las interacciones puede ayudar a las personas a identificar patrones de comportamiento problemáticos tanto en ellos mismos como en sus parejas potenciales.

Un aspecto crucial es reconocer la diferencia entre el narcisismo y un saludable sentido de autoestima. Mientras que un autoestima saludable implica un sentido de valor personal equilibrado y una capacidad de empatía, el narcisismo se inclina hacia la autoabsorción y la manipulación. Entender esta distinción es fundamental para fomentar relaciones basadas en el respeto mutuo y la consideración.

Una de las estrategias más importantes es el fortalecimiento de la autoestima. Una autoestima saludable actúa como un escudo protector contra las tendencias manipuladoras de una pareja narcisista. Aprender a valorarse a uno mismo y a reconocer el propio valor independientemente de la opinión de los demás es fundamental en este proceso.

Otra táctica vital es el desarrollo de la asertividad. La asertividad permite a las personas expresar sus necesidades y límites de manera clara y firme, sin ser agresivos ni pasivos. Esto es especialmente importante en relaciones con un narcisista, donde los límites a menudo son ignorados o violados.

Además, es esencial tener una red de apoyo sólida. Contar con amigos, familiares o un terapeuta de confianza puede proporcionar la perspectiva y el apoyo necesarios para manejar las dificultades que surgen en una relación con un narcisista. Estos apoyos pueden ofrecer validación y confirmación de las experiencias, lo que es especialmente valioso cuando se duda de la propia percepción debido a la manipulación.

La educación continua sobre el narcisismo y sus efectos también es clave. Comprender los mecanismos subyacentes del narcisismo y sus impactos en las relaciones puede ayudar a identificar y evitar patrones de comportamiento destructivos. Además, esta comprensión puede empoderar a las personas para tomar decisiones informadas sobre sus relaciones.